Lieber Christian!
Wir wünschen Dir, daß du
immer gut und ruhig
schlafen kannst.
Dies Buch soll Dir
dabei helfen!
Zum 5. Geburtstag,
Deine Tante Ulle + Onkel Klaus.

Alle Rechte der deutschen Ausgabe vorbehalten
© Verlag Herder Freiburg im Breisgau, 1999
Satz: Layoutsatz Kendlinger, Freiburg
Druck und Einband: Bookprint, Spanien
ISBN 3-451-27007-2

Die englische Originalausgabe ist unter dem Titel
"Twilight Verses Moonlight Rhymes"
erschienen beim Verlag Lion Publishing plc,
Sandy Lane West, Oxford, England, 1997

Auswahl und Text der englischen Ausgabe: Mary Joslin
Auswahl und Text der deutschen Ausgabe: Werner Schaube
Illustrationen: Liz Pichon

Textnachweise:
S. 14, 26, 45, 54: Alfons Schweiggert, Mein Bär tanzt auf dem Regenbogen,
Manfred-Pawlak Großantiquariat & Verlags GmbH, Herrsching 1984
S. 28: Michael Kumpe, S. 37, 48: Regina Schwarz, S. 43: Frantz Wittkamp, aus:
Hans-Joachim Gelberg (Hrsg.), Überall und neben dir. 1986 Beltz Verlag,
Weinheim und Basel. Programm Beltz & Gelberg, Weinheim
S. 41: Max Bolliger, Was uns die Angst nimmt, aus:
Max Bolliger, Hinter den sieben Bergen – dreimal dreizehn Kindergedichte.
Echter, Würzburg. © beim Autor.
S. 59: Das wünsch ich sehr. Text: Kurt Rose, Musik: Detlev Jöcker, aus:
Viele kleine Leute. Menschenkinder Verlag, Münster
S. 36: Josef Guggenmos, Ich will dir was verraten. Beltz & Gelberg, Weinheim 1992
Alle anderen Texte: Werner Schaube

Behüt Dich Gott

Die schönsten Schlaf-gut-Gebete

Herausgegeben von Werner Schaube
Illustriert von Liz Pichon

Herder Freiburg · Basel · Wien

Zuhause bin ich auf dieser Welt, und alles,

was mir hier gefällt:

die Sonne, die Bäume, der Garten am Haus.

Gott segne uns alle, Gott segne die Erde,

hilf, dass jedes Kind glücklich werde.

Inhalt

So ein schöner Tag war heute,

lieber Gott, und so viel Freude

hat er wieder mir gebracht.

Dankbar sag ich gute Nacht.

Mit den Menschen hab Erbarmen,

denke auch an alle Armen,

schütze du die Eltern mein,

lass uns ruhig schlafen ein.

Wenn der Tag
zu Ende geht

Pusteblumen

Grüne Sommerwiese,
bunte Blumen auch,
ich liege auf dem Rücken,
ich liege auf dem Bauch.

Ja, die Pusteblumen
machen Riesenspaß:
kleine Fallschirm-Vögel
fliegen übers Gras.

Himmelblauer Himmel,
weiße Wolken auch,
ich liege auf dem Rücken,
ich liege auf dem Bauch.

Apfelsinen-Sonne,
Bienen summen auch,
ich liege auf dem Rücken,
ich liege auf dem Bauch.

Lieber Gott im Himmel: ja, du kennst mich auch,
ich liege auf dem Rücken, ich liege auf dem Bauch.

Ja, die Pusteblumen machen Riesenspaß:
kleine Fallschirm-Vögel fliegen übers Gras.

Die Entenmutter
und das Kleine
sind am Teich
nie ganz alleine.
„Quak", sagt die Ente,
„quak!", ruft das Entenkind,
weil sie beide glücklich sind.

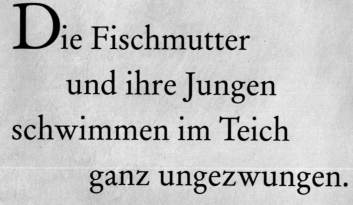

Die Fischmutter
und ihre Jungen
schwimmen im Teich
ganz ungezwungen.
„Schwimmt", sagt Mutter Fisch,
„wir schwimmen!" flüstern die zwei
und alle sind glücklich dabei.

Die Vogelmutter
mit den Vogelkindern
sitzt im Nest,
zwitschert hell und fein.
„Singt", sagt die Vogelmama,
„wir singen doch!", pfeifen die drei
und sind ganz glücklich dabei.

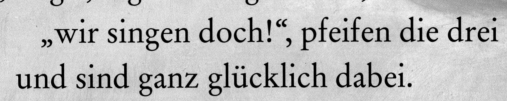

Mutter Frosch
und ihre Kinderschar
spielen am Ufer
mit Wasser, ganz klar.
„Hüpft", sagt Mama Frosch,
„wir hüpfen!", quaken die vier ganz leise
und sind glücklich auf ihre Weise.

Der Himmel ist blau

Ich schau in den Himmel.
Ich suche sein Ende.
Ich würde mich freuen,
wenn ich es heut fände.

So tief ich auch sehe,
so weit ich auch schau,
ich sehe kein Ende,
ich sehe nur blau.

Ob das leuchtende Blau
bis ins Endlose kriecht?
Oder hat es ein Ende
und ich seh es nur nicht?

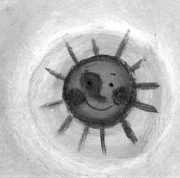

Wie es immer auch sei;
ob so oder so:
Die Sonne scheint schön,
der Himmel ist blau
und das macht mich froh.

Alfons Schweiggert

Die Bienen, die Vögel,

die Frösche und Fische,

sie summen und singen

und quaken und schwimmen,

sie freun sich des Lebens

den ganzen Tag

so wie es auch das Küken mag.

Kinder, kommt,
  wir wollen singen,
wollen lachen,
  fröhlich sein!
Kinder, kommt,
  es wird gelingen,
betet mit,
  stimmt mit ein!

Dass die Sonne
scheint,
dass kein Kind mehr
weint,
dass die Blumen
blühen,
dass wir uns
bemühen,
allen Menschen gut
zu sein.

Das Schiff
es segelt
auf dem Fluss,
es segelt
auf hoher See.

Die Wolken
segeln am
Firmament,
am blauen Himmel,
weiß wie Schnee.

Die Brücke,
über den Fluss
gebaut,
bringt dich
von hier nach da.

Der Regenbogen,
das farbige Band
über die ganze Welt gespannt,
macht Himmel und Erde so nah.

Der kleine Wassertropfen
und das Sandkorn am Strand
und das große Meer
und das weite Land.

Das Lachen und Fröhlichsein
und ein gutes Wort, ganz klein
bringt die Welt zum Blühen
wie der Sonnenschein.

Die Sonne,
die für alle scheint,
vom Himmel,
hell und blau.

Der Regen,
der in Tropfen weint
vom Himmel
dunkelgrau.

Der Wind
der weiße
Wolken treibt,
am Himmel
dunkelblau.

Nun ist der Tag vorüber,
Zeit zum Schlafengehn,
hab Sonne,
      Regen, Wind gesehn
in vielen Farben
      wunderschön.

Der Tag ist nun vorüber,
es leuchtet das Abendrot:
für Hund und Katze,
fürs Vögelein,
für die Schlange und das Schwein.

Die Nacht beginnt, es dunkelt,
die Sterne funkeln hell
für Frosch und Gans,
fürs Mäuselein,
für das Krokodil und den Elefant.

Abendgebet

Lieber Gott,
ich hab gespielt
heut den ganzen Tag,
mit den andern und allein,
was ich gerne mag.
Dass ich jetzt todmüde bin,
wirst du schon verstehn.
Schick mir einen
schönen Traum,
bitte. Dankeschön.

Alfons Schweiggert

Wenn Mond und Sterne leuchten

Kleine Erde

Die Welt ist groß.
Die Erde ist bloß
ganz klein.
Sieh in den Himmel hinein,
wenn es klar ist und dunkel:
Das Sternengefunkel
erzählt dir von Weiten
und Ewigkeiten.

Michael Kumpe

Weißt du
wie viel Sternlein stehen
an dem blauen Himmelszelt?
Weißt du wie viel Wolken gehen
weithin über alle Welt?
Gott, der Herr, hat sie gezählet,
dass ihm auch nicht eines fehlet
an der ganzen großen Zahl,
an der ganzen großen Zahl.

Wenn die Sonne
den Tag verlässt
bin ich bei dir
wie ein Vogel im Nest.

Wenn der Mond
am Abend aufgeht
bist du bei mir
wie der Wind, der leise weht.

Die Sonne mit ihrem goldenen Licht lacht vom Himmel: schau ihr Gesicht! Es ist der Morgen, der nun anbricht.

Der Mond mit seinem silbernen Licht lacht vom Himmel; schau sein Gesicht! Es ist der Abend, der nun anbricht.

33

Augen und Ohren

Machen wir die Augen zu,
denken einmal nach:
Schlaf ich oder bin ich wach?
Ist es Tag, ist es Nacht?

Fragen, viele Fragen,
ja, das kannst du sagen,
hunderttausend Fragen.

Halten wir die Ohren zu,
denken einmal nach:
Sag ich oder sag ich nichts?
Ist da oder war da was?

Fragen, viele Fragen,
ja, das kannst du sagen,
hunderttausend Fragen.

Ich weiß von einem Stern
gar wundersam,
darauf man lachen
und weinen kann.

Mit Städten voll
von tausend Dingen.
Mit Wäldern, darin
Rehe springen.

Ich weiß einen Stern,
drauf Blumen blühn,
drauf herrliche Schiffe
durch Meere ziehn.

Wir sind seine Kinder,
wir haben ihn gern:
Erde, so heißt
unser lieber Stern

Josef Guggenmos

Alles

Zusammen ausziehn
und die Welt ansehn,
mit kaputten Knien
nach Hause gehen,
glücklich und ganz voll,
denn alles war so toll.

Regina Schwarz

Schlaf mein Kind,
und ruh dich aus.
Du kannst mir glauben:
ein guter Engel
wacht überm Haus.

Wenn ich
schlafen geh

Schlafmützchen

läuft durch die Stadt

von Haus zu Haus,

treppauf und treppab,

rappelt an Türen und Fenstern

ruft in jedes Zimmer:

„Sind die Kinder im Bett?

Brennt das Licht noch immer?

Bald wird es Nacht,

es ist doch schon acht!"

Was uns die Angst nimmt

Vater und Mutter
und vertraute Gesichter,
im Dorf und in der Stadt
die Lichter.
Die Sonne,
die uns am Morgen weckt,
das Kätzchen,
das sich in unserem Arm versteckt.
Im Bett Teddybären und Puppen,
Sterne, die durchs Fenster gucken.
Bruder und Schwester,
Neffen und Nichten
und in der Schule
die schönen Geschichten.
Alles, was jeden Tag mit uns lebt,
und am Abend das Gutenachtgebet.

Max Bollinger

„Vögelchen,
Vögelchen,
wo kommst
du her?"
„Ich kann es nicht sagen,
ich weiß es nicht mehr."

„Vögelchen, Vögelchen,
wo gehst du hin?“
„Das kann ich erst sagen,
wenn ich hier nicht mehr bin.“

Frantz Wittkamp

Schöne Träume wünsch ich mir für die ganze Nacht:

bis am frühen Morgen
uns die Sonne lacht

Gedankenblitz

Wovon gibt es viele Geschichten?
Vom Töten und Lebenvernichten!
Wenn wir doch vom Lebenretten
so viele Geschichten hätten!

Alfons Schweiggert

Ich sehe den Mond,

und der Mond sieht mich.

Gott segnet den Mond,

und Gott segnet mich.

Wenn Gott
uns behütet

Wen du brauchst

Einen zum Küssen und Augenzubinden,
einen zum lustige-Streiche-erfinden.
Einen zum Regenbogen-suchen-gehen
und einen zum fest-auf-dem-Boden-stehn.
Einen zum Brüllen, zum Leisesein einen,
einen zum Lachen und einen zum Weinen.
Auf jeden Fall einen, der dich mag,
heute und morgen und jeden Tag.

Regina Schwarz

Guter Vater, hör und segne die Tiere
in Feld und Wald, die Vögel, die singen
an jedem Orte,

und behüte mit deiner schützenden
Hand die kleinen Tiere, die dich loben
ohne Worte.

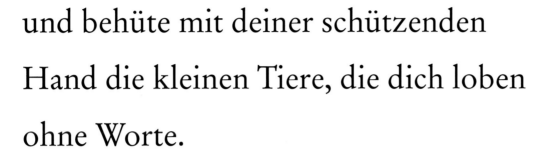

Jesus,
guter Freund,
nimm mich an die Hand,
halt mich fest
und hilf mir immer,
du bist da
für alle Kinder
auf der ganzen Welt.

Lieber Gott, du bist wie ein guter Schafhirte.

Du gibst mir alles, was ich brauche.

Du behütest mich auf der grünen Weide

Und ich kann mich sicher fühlen.

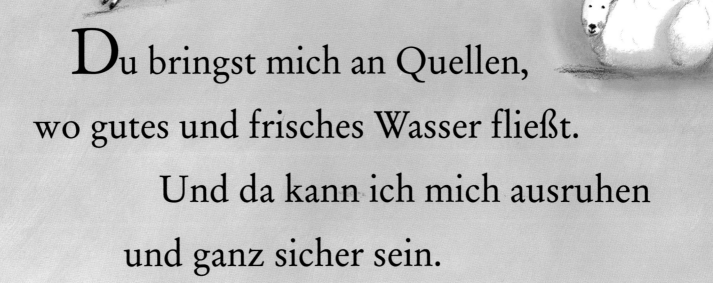

Du bringst mich an Quellen,
wo gutes und frisches Wasser fließt.
Und da kann ich mich ausruhen
und ganz sicher sein.

Nach Psalm 23

Guter Gott,
das Meer ist so groß
und mein Boot ist so klein,
lass mich nie alleine sein.

Heute ist so viel geschehen
und ich schlaf gleich ein.
Lieber Gott,
die Welt ist schön,
lass uns nicht allein.

Morgen wird so viel geschehen und ich werde wach.
Lieber Gott, ein guter Engel gibt dann auf mich Acht.

Das wünsch ich sehr,
dass immer einer bei mir wär,
der lacht und spricht:
Fürchte dich nicht!

Kurt Rose

Gedichtanfänge